BEI GRIN MACHT SICH IHR
WISSEN BEZAHLT

AF131186

- Wir veröffentlichen Ihre Hausarbeit,
  Bachelor- und Masterarbeit

- Ihr eigenes eBook und Buch -
  weltweit in allen wichtigen Shops

- Verdienen Sie an jedem Verkauf

Jetzt bei www.GRIN.com hochladen
und kostenlos publizieren

GRIN ☺

Impressum:

Copyright © 2012 GRIN Verlag, Open Publishing GmbH
Druck und Bindung: Books on Demand GmbH, Norderstedt Germany
ISBN: 9783668453401

Dieses Buch bei GRIN:

http://www.grin.com/de/e-book/366650/eine-krankheit-zum-tode-der-selbstmord-
von-goethes-werther-aus-kulturwissenschaftlicher

Alexander Hinz

Eine Krankheit zum Tode? Der Selbstmord von Goethes Werther aus kulturwissenschaftlicher Sicht

GRIN Verlag

Universität Bayreuth
Lehrstuhl für Neuere Deutsche Literatur
Hauptseminar: Zum 200. Todestag Heinrich von Kleists. Die „letzten Worte" von
       Selbstmördern

WS 2011/12
Abgabedatum: 30. März 2012

Eine Krankheit zum Tode?

Der Selbstmord Werthers aus kulturwissenschaftlicher Sicht

Alexander Hinz
8. Fachsemester
Studiengang: Deutsch und Geschichte auf Lehramt für Gymnasium (alte LPO)

Inhaltsverzeichnis

A. Die „letzten Worte" von Goethes Werther

Werther nannte seine Einstellung zum Leben selber eine „Krankheit zum Todte".[1] Albert hingegen nennt Werthers Lebenswandel „für nichts als eine Schwäche".[2] Aber ist es denn so? Ist der Selbstmord die logische Konsequenz aus einem Lebenswandel wie die des Werthers, welches sich zu einem pathologischen Fall steigert, oder hat Albert recht, der in dem Selbstmord nicht die logische Konsequenz eines übersteigerten Lebenswandels sieht, sondern eine Schwäche?

Ich möchte in dieser Hausarbeit folgender These nachgehen: Werthers Selbstmord als logische Konsequenz der bürgerlichen Prinzipien des 18. Jahrhunderts.

Hierbei möchte ich darlegen, dass Werthers Selbstmord nicht, wie uns in der Schule es beigebracht worden ist, aus Liebeskummer geschieht, sondern das es eine Reaktion auf die bürgerlichen Prinzipien, die einen sensiblen Menschen wie Werther zu einem pathologischen Fall mutieren lassen, der nichts anderes mehr kann, als Suizid zu begehen, ist.

Als Textgrundlage hierfür dient die Erstfassung von Goethes Briefroman „Die Leiden des jungen Werthers" aus dem Jahre 1774 mit der von Goethe selber verwendeten Orthographie.

---

1 vgl. Goethe, Die Leiden des jungen Werthers, Seite 51; im folgenden mit dem Sigle JW abgekürzt.
2 vgl. JW, 49.

B. **Werther und der Selbstmord**

I. **Der Selbstmord in den wissenschaftlichen Debatten des 18. Jahrhunderts**

1.) **Selbstmord in der Theologie**

a) *Augustinus und Thomas von Aquin*

Beide verurteilen den Suizid als eine Sünde, die den Verlust des Seelenheils nach sich zieht.[3]

Augustinus argumentiert dies mit dem 5. Gebot.[4] Hierzu schreibt er:

> Wenn wir also das Verbot des Tötens nicht auf das Pflanzenreich answenden, weil es da keine Empfindung gibt, desgleichen nicht auf die unvernünftige Tierwelt [...], weil ihnen im Unterschied von uns keine Vernunft verliehen ist, [...] so bleibt nur übrig, das Gebot <<Du sollst nicht töten>> ausschließlich auf den Menschen zu beziehen, und zwar sowohl auf den anderen als auch auf dich selbst. Denn wer sich selbst tötet, tötet auch einen Menschen.[5]

Außerdem argumentiert Augustinus damit, dass der Geist den Körper beherrscht, wenn er schreibt:

> Vielmehr muss man den schwachen Geist tadeln, der die harte Knechtschaft seines Leibes oder die törichte Meinung der Menge nicht ertragen kann, und von Rechts wegen die Seele größer nennen, die ein

---

3 vgl. Augustinus, Gottesstaat, 46-47; Aquin, Recht, 167.
4 vgl. Augustinus, Gottesstaat, 37.
5 s. Augustinus, Gottesstaat, 38-39.

4

kummervolles Leben lieber erträgt als flieht und das Urteil der Menschen, zumal des großen Haufens, das meist vom Nebel des Irrtums verdunkelt wird, in reinen Licht des guten Gewissens verachtet.[6]

Als letztes Argument bring Augustinus vor, dass allein Gott die Macht über Leben und Tod hat, da Gott der Schöpfer der Menschen sei und nur er allein das recht hat einen Menschen zu töten.[7]

Thomas von Aquin greift in seiner Schrift „Summa Theologica" dieselbe Argumentation von Augustinus auf und ergänzt sie um die „Trias der Pflichten". Die Trias der Pflichten besteht aus:

1. Selbstliebe und somit der Pflicht zur Selbsterhaltung,
2. dem Dienst an der Gesellschaft und
3. der Unterwerfung der göttlichen Ordnung.[8]

In beiden Fällen wird also deutlich, dass der Selbstmörder ein Rebell gegen die natürliche und somit gegen die göttliche Ordnung ist und der, der sich selber umbringt, der Gesellschaft ein nützliches Glied entreißt.

b) *Johann Friedrich Teller*

Teller ist der Fundamentalist unter den Theologen. In seinem Werk „Vernunfts- und christmäsige Abhandlung über den Selbstmord" aus dem Jahre 1776 behauptet er, dass der Selbstmörder kein guter Christ sei, da ein guter

---

6 s. Augustinus, Gottestaat, 40; so auch Aquin, Recht, 64.
7 vgl. Augustinus, Gottesstaat, 46.
8 vgl. Aquin, Recht, 164-165.

Christ wirksam ist und für den Staat Leben produziert und sich nicht selber umbringt; er arbeitet also fleißig und produziert reichlich Kinder für den Staat.[9] Auch belegt er den Selbstmörder mit Begriffen wie „Unthier"[10], „Unmensch"[11] und „Unchrist"[12], der eine „verderbte Seele" habe.[13]

Auch Teller teilt die Vorstellung Augustinus, dass die Vernunft den Körper beherrschen muss, da er schreibt:

> Seine Herzensangst würde niemals rasende Verzweiflung werden, wenn er wüßte, daß das eben die Opfer sind, die Gott gefallen, ein geängster Geist, ein geängstet und zerschlagen Herz![14]

Der Mensch ist zwar frei zu tun was er will, aber für Teller ist er nur solange frei, wie er auch das macht, was er zu machen hat.[15]

2.) Selbstmord in der Philosophie

a) *Seneca*

Für Seneca ist die Antwort auf die Frage, ob man Selbstmord begehen sollte oder nicht einfach, da er der Ansicht ist, dass man, solange man ein gutes Leben noch führen kann, am Leben bleiben sollte; doch sobald dies nicht mehr der Fall ist kannst man „dorthin zurückkehren,

---

9 vgl. Teller, Selbstmord, 54, 69-70,
10 s. Teller, Selbstmord, 60.
11 s. Teller, Selbstmord, 62.
12 s. Teller, Selbstmord, 64.
13 vgl. Teller, Selbstmord, 65.
14 s. Teller, Selbstmord, 66, 91.
15 vgl. Teller, Selbstmord, 69-70, 90-91.

woher [man] gekommen [ist].“[16] Für Seneca ist der Selbstmord ein frier autonomer Akt eines Individuums, der zwangsläufig in die Freiheit führt.[17] Es ist demnach auch keine Handlung, die aus dem Affekt heraus geschieht, sondern eine Handlung, die wohl überlegt ist:

> Daher wird ein Weiser leben, solange er muß, nicht solange er kann.[18]

b) *Montesquieu*

Der Mensch hat, laut Montesquieu, ein Recht auf Selbstmord. Dies rechtfertigt er in seinen „Persischen Briefen“:

> Ich gebrauche nur ein Recht, das mir verliehen wurde und insofern kann ich nach meinem Belieben die ganze Natur stören, ohne daß man behaupten könnte, ich würde mich der Vorsehung widersetzten.[19]

Der Mensch ist demnach autonom in seinen Entscheidungen, da nur er die Entscheidungsgewalt über sich und sein Leben hat, wobei durch eben diese Entscheidung die natürliche Ordo nicht gestört wird. Vielmehr argumentiert Montesquieu ökonomisch, da er behauptet, dass „die Gesellschaft [...] auf gegenseitigem Vorteil“ beruht und dass ihm das Leben als eine Vergünstigung gewährt worden ist, welches man wieder zurückgeben kann,

---

16 vgl. Seneca, Selbstmord, 59.
17 vgl. Seneca, Selbstmord, 58.
18 s. Seneca, Selbstmord, 56.
19 s. Montesquieu, Briefe, 147.

wenn es keine mehr darstellt; denn wenn die Ursache wegfällt, muß folgerichtig auch die Wirkung wegfallen.[20]

Dies bedeutet also, dass ein Leben nur solange als sinnvoll erachtet werden kann, solange man von der Gesellschaft auch etwas dafür zurückerhält; sobald dies nicht mehr der Fall ist, kann man auf das Leben verzichten, wenn es einem lästig wird.[21]

c) d'Hollbach und Hume

Für d'Hollbach, der im Jahre 1770 sein Werk „System der Natur" anonym veröffentlichte, ist der Selbstmord eine Anordnung der Natur auf die Tatsache, dass diese denjenigen, der sich selber umbringt, nicht mehr benötigt.[22] Der Selbstmörder handelt somit aus einem Naturdeterminismus heraus, denn der, der sich selber tötet,

folgt dem Antrieb dieser Natur, indem er den einzigen Weg einschlägt, den sie ihm anweist, um seinen Leiden zu entgehen.[23]

Doch darf man laut d'Hollbach seine eigenen Tugenden nicht auf andere anwenden, denn „derjenige, der freiwillig stirbt, kennt kein Heilmittel gegen seine Leiden".[24] Denn, so d'Hollbach, ist „der Tod [...] das einzige Heilmittel gegen die Verzweiflung."[25]

---

20 vgl. Montesquieu, Briefe, 146.
21 ebd.
22 vgl. d'Hollbach, Natur, 244.
23 s. d'Hollbach, Natur, 248-249.
24 vgl. d'Hollbach, Natur, 246 – 247.
25 s. d'Hollbach, Natur, 245.

Für David Hume, der 1777 seine Ansichten über den Selbstmord veröffentlichte, ist der Selbstmord eine göttliche Vorsehung, die der Selbstmörder zu erfüllen hat, da dies durch eine göttliche Macht bestimmt worden ist.[26] Außerdem ist der Selbstmord für Hume ein Opfer für die Gesellschaft, die ein Mensch zu leisten hat, sobald er für die Gesellschaft nicht mehr nützlich ist; es ist also die Pflicht eines jeden Menschen sich selber zu töten, sobald

> es nicht länger in meiner Macht steht, das Interesse der Gesellschaft zu förder, daß ich eine Last für sie bin, daß mein Leben einige Personen daran hindert, der Gesellschaft viel nützlicher zu sein: In solchen Fällen muss mein Abschied vom Leben nicht nur schuldlos, sondern lobenswert sein.[27]

3.) Selbstmord in den Wissenschaften

a) *Zuckerts*

Johann Friedrich Zuckerts, den man als ersten Psychologen bezeichnen kann, sieht den Selbstmörder nicht, wie seine theologischen Kollegen, als Sünder an, sondern als einen Melancholiker, der durch übertriebene und hineingesteigerte Trauer den Suizid begeht.[28] Der Selbstmord wird also pathologisiert; der Selbstmörder handelt also nicht mehr als autonomer und freier Mensch, sondern er handelt so, weil er krank ist und ärztlicher

---

26 vgl. Hume, Selbstmord, 93.
27 vgl. Hume, Selbstmord, 97-98.
28 vgl. Zuckerts, Leidenschaften, 33-34.

Behandlung bedarf, da er zum Melancholiker geworden ist.[29]

b) *Sonnenfels und Auenbrugger*

Nicht anders als Zuckerts sehen es die Wissenschaftler Joseph von Sonnenfels und Leopold Auenbrugger.

Für Sonnenfels, der der Begründer der *Polizeywissenschaften* ist und somit im Dienste der Biopolitik des aufgeklärten absolutistischen Staates steht, ist der Suizid das Resultat einer Krankheit, deren Folgen schädlich sind, denn

> sie berauben den Staat seiner Bürger und sie verhärten das Gemüth gegen die Furcht der Strafe: denn was wird derjenige fürchten, der den Tod nicht fürchtet?[30]

Als Lösung schlägt Sonnenfels vor, dass man alle, die Verdächtig sind einen Suizid zu begehen, vor sich selber Schütz und sie in Schutzhaft nimmt:

> Das Auge der Polizey wachet daher sorgfältiger auf diejenigen, welche von dieser zerfleischet [gemeint ist die Verzweiflung, d. Verf.] [sind]. [...] Um dem Selbstmorde derjenigen vorzukommen, die aus Mangel an Vernunft, aus Raserey u.d.g. Hand an sich legen könnten, müssen solche Bürger, bey denen ein Verdacht vorhanden ist, daß ihre Vernunft angegriffen sey, gegen sich selbst bewahret, gefässelt, oder gebunden, un in eine hiezu bestimmte Tollhäuser gebracht werden, wo ihre Herstellung versuchet wird. Woferne aber die hartnäckige Krankheit den Hülfsmitteln trotzet, so

---

29   vgl.   Zuckerts,
Leidenschaften, 34.
30   s.   Sonnenfels,
Grundsätze, 168.

10

bleiben solche Unglückliche in ewiger Verwahrung, bis
ein natürlicher Tod ihrem Elende das Ende machet.[31]

Für Augenbrugger ist der Selbstmörder ein Triebwesen,
der seine Leidenschaften ungezügelt lässt, ausgelöst durch
eine *stille Wuth*, welches

ein geheimes, innerliches und unsinniges Bestreben ist,
mittels welches der Mensch sich selbst zu ermorden
versucht.[32]

Die Begründung für diese *stille Wuth* liegt bei
Augenbrugger „in dem äußeren Haß seines Daseyns[33] [...
und] der Unerträglichkeit eines Gefühls[34]". Es muss daher
Ursachenforschung betrieben werden, um zu verstehen,
wie sich die Leidenschaften eines Menschen zu einem
pathologischen Fall haben entwickeln können.

4.) Zwischenfazit

Aus dem oben ausgeführten dürfte es nun ersichtlich
geworden sein, dass der Selbstmord zu unterschiedlichen
Ansichten geführt hat.

Während die Theologen den Selbstmörder als Sünder
bezeichneten und um das Seelenheil des Selbstmörders
bangten, wollten die Philosophen den Selbstmörder zu
dem machen, was er ist: zu einem freien Menschen, der
eine autonome Entscheidung trifft und diese nur vor sich
und nicht vor anderen zu rechtfertigen hat.

---

31 s. Sonnenfels,
Grundstätze, 168, 169.
32 vgl. Augenbrugger,
Wuth, 1, 181.
33 s. Augenbrugger, Wuth,
5, 182.
34 s. Augenbrugger, Wuth,
6, 182.

Auch wenn manche Philosophen, wie Thiery d'Hollbach und David Hume, den Menschen eher in ein Natursystem gebunden sehen und den Menschen somit zur bloßen Maschine degradieren, so bleibt doch zu beobachten, dass auch diese Autoren dem Menschen das Recht auf den Suizid zugestehen und seine Entscheidung nicht als eine Straftat, sondern als ein Opfer darstellen. Dieses Opfer ist man verpflichtet der Gesellschaft, in der man lebt, zu bringen, sobald man ihr von ihr nichts mehr zu erwarten hat bzw. ihr nichts mehr zurückgeben kann; wenn also die Kosten-Nutzen-Rechnung nicht mehr aufgeht.

Anders sehen dies die biopolitisch geprägten Wissenschaftler des 18. Jahrhunderts. Für sie ist der Selbstmord nicht nur aus religiöser Sicht zu verteufeln, sondern auch aus biopolitischer Sicht, der Sicht der Souveränitätsmacht. Der Selbstmörder entreißt nicht nur der Gesellschaft ein wichtiges Glied, sondern er schädigt auch die Effektivität des Staates damit, da dem Staat mit dem Tode des Selbstmörders eine wichtige Arbeitskraft verloren geht, die nicht nur nicht mehr arbeiten kann, sondern auch nicht mehr in der Lage ist, neue Arbeitskräfte zu produzieren. Außerdem beunruhigt es die Souveränitätsmacht dahingehend, dass sie durch die Straffreiheit des Suizids Anarchie befürchtet, da die Todesstrafe den Menschen, sobald der Suizid straffrei geworden ist, nicht mehr abzuschrecken vermag, weil der Selbstmörder den eigenen Tod nicht mehr fürchten wird. Dies ist für die Souveränitätsmacht, die zugleich durch die *Polizey* als Diziplinarmacht auftritt, ein schrecklicher Gedanke, so dass es besser ist, einen Verdächtigen Selbstmörder lieber als Krank zu bezeichnen, als ihn als einen freien und autonomen Menschen zu nennen.

II.   Goethes „Die Leiden des jungen Werthers"

1.) Wie kommt es zu Werthers Selbstmord?

Im Folgenden möchte ich nun anhand von drei Episoden, dem sog. „Selbstmordgespräch" zwischen Werther und Albert, der sog. „Gesandtschaftsepisode" und den „letzten Worten" Werthers, die Frage erörtern, wieso Werther Selbstmord beginn und wie er diesen begründet hat.

a)   Das „Selbstmordgespräch" zwischen Werther und Albert

Im sog. „Selbstmordgespräch" zwischen Albert und Werther prallen zwei unterschiedliche Ansichten aufeinander:
Albert hat eher eine moralische Ansicht zum Thema Suizid, während Werther der philosophischen Ansicht d'Hollbachs und Montesquies folgt, dass der Mensch ein von der Natur gesteuertes Wesen ist.[35]

Albert sieht im Suizid eine Schwäche des Menschen an[36], denn er kann nicht verstehen, „wie ein Mensch so thörigt seyn kann, sich zu erschiessen".[37] Für ihn ist der Selbstmord eine Stigmatisierung wert, da er im Gespräch mit Werther bemerkt, dass

> ein Mensch, den seine Leidenschaften hinreissen, alle
> Besinnungskraft verliert, und als ein Trunkener, als ein
> Wahnsinnger angesehen wird.[38]

Aus diesem Satz geht hervor, dass für Albert

---

35   vgl.   Neumeyer, Selbstmord, 171. 174.
36   vgl.   Neumeyer, Selbstmord, 173.
37 JW, 48.
38 JW, 49.

13

die Beweggründe des Selbstmords als [eine] Schwäche
aus einem säkularen Muster resultiert – dem der Bio-
Politik, wonach das Ertragen der Leiden dem Imperativ
der Lebenserhaltung wie –förderung im Dienste der
Gesellschaft und des Staates folgt.[39]

Für Albert muss die Vernunft über den Leidenschaften
stehen[40]:

> [...] daß du den Selbstmord, wovon wir jetzo reden, mit
> grossen Handlungen vergleichst, da man es doch für
> nichts anders als eine Schwäche halten kann, denn
> freylich ist es leichter zu sterben, als ein qualvolles
> Lenben standhaft zu ertragen.[41]

Albert argumentiert nicht nur moralisch, sondern auch aus
der Vernunft heraus. Diese Vernunft soll die Emotionen
zügeln[42] und geht somit voll und ganz im bürgerlichen
Selbstbeherrschungsparadigma des aufgeklärten
Bürgertums auf, welches bis heute noch die
Charaktereigenschaft des Bürgertums ist.

Dies sieht auch Werther so. Werther argumentiert in
diesem Gespräch mit Albert,

> indem er die Individualität selbst in den Vordergrund
> stellt und die Schranken der sozialen Verhältnisse in
> Abhängigkeit davon rückt, nicht aber diese zum Herrn
> stempelt. [43]

Werther argumentiert wie folgt:

39 s. Neumeyer,
Selbstmord, 173.174.
40 vgl. Neymeyer,
Selbstmord, 179.
41 JW, 49-50.
42 vgl. Schmidt, Werther,
95.
43 ebd.

Die menschliche Natur, fuhr ich fort, hat ihre Gränzen, sie kann Freude, Leid Schmerzen, bis auf einen gewissen Grad ertragen, und get zu Grunde, sobald der überstiegen ist. Hier ist also nicht die Frage, ob einer schwach oder stark ist, sondern ob er das Maas seines Leidens ausdauern kann. [...] Du gibst mir zu wir nenne das eine Krankheit zum Todte, wodurch die natur so angegriffen wird, daß theils ihre Kräfte verzehrt, theils so ausser Würkung gesetzt werden, dass sie sich nicht wieder aufzuhelfen, durch keine glückliche Revolution, den gewöhnlichen Umlauf des Lebens wieder herzustellen fähig ist.[44]

Werther stellt den Selbstmord in einen individuellen Kontext, der aus der jeweiligen Situation heraus betrachtet werden muss (darin folgt er d'Hollbach) und den man in einer Kosten-Nutzen-Rechnung (wie Hume sie aufstellte) sehen muss, denn nur derjenige begeht, nach der Argumentation Werthers, Selbstmord, „dem das Leben nur noch ‚Bürde' ist, dem also keine Vorteile mehr bringt."[45] Nur die Natur bestimmt für Werther, wie viel Leid ein Mensch aushalten kann, bevor das Maß für ihn überschritten ist; der Selbstmord ist somit weder Stärke noch eine Schwäche oder gar eine Tugend bzw. ein Laster.[46]

Werther gibt keine Apologie des Selbstmordes [...]. Er versucht vielmehr, den Selbstmord vor eilfertigen moralischen Verdikten zu schützen, indem er ihn aus dem Bezugssystem der aufgeklärten Moral herauswindet und das Mitempfinden zur einzigen

---

44 JW, 50-51.
45 vgl. Neumeyer, Selbstmord, 174.
46 vgl. Neumeyer, Selbstmord, 174-175.

pragmatischen Bedingung seines Verstehen und seiner Beurteilung macht.[47]

Dies macht er vor allem in der eingefügten Erzählung über ein *Mädgen*, welches sich so sehr in einen Mann verliebt, dass dieser Mann für sie zum gesamten Lebensinhalt wird, der sie jedoch verlässt und sie dadurch in solch tiefe Melancholie verfällt, dass sie schließlich sich selber tötet, deutlich.[48] Werther beendet diese Geschichte, indem er Albert fragt:

> [...] ist das nicht der Fall der Krankheit? Die Natur findet keinen Ausweg aus dem Labyrinthe der verworrenen und widersprechenden Kräfte, und der Mensch muß sterben.[49]

Werther stellt mit dieser Geschichte nicht nur die Macht der Vernunft in Frage, denn

> eine Übermacht der Leidenschaften vermag die regulierende Funktion der Vernunft außer Kraft zu setzten, so dass das Subjekt sich selbst auslöscht,[50]

er macht auch zum Thema,

> was die empfindsame Kultur verschweigt oder als moralisch bedenklich beiseite schiebt: heftige Leidenschaften [...], die nicht durch tugendhafte Mäßigung zur geselligkeitsfördernden Fertigkeit geworden sind [...]. Gegenüber dem aufgeklärten

---

47 s.   Meyer-Kalkus, Krankheit zum Tode, 79-80.
48 JW, 51-52.
49 JW, 52.
50   s.   Neumeyer, Selbstmord, 179.

Albert vertritt Werther [somit] den veränderten Sinn

von ‚Menschlichkeit' und Subjektivität […].[51]

Denn mit „polemischer Schärfe werden die Umbesetzungen vorgenommen"[52] die für Werther als leidenschaftlicher Mensch wichtiger sind, als für den aufgeklärten Moralisten Alber:

> Leidenschaften anstelle von Großmut, Wahnsinn anstelle von Gelassenheit, Trunkenheit anstelle von Besinngungkraft.[53]

Der Selbstmord ist somit zwar kein autonomer Akt mehr, da dieser von der Natur aus gesteuert wird[54] und auch pathologisiert wird; für Werther wird er aber zum Ausdruck dessen, was d'Hollbach und Hume schon gesagt haben: Suizid ist eine Antwort auf den inneren Kräftehaushalt und somit ein Ausscheidungsprozess der Natur.

b) *Die Gesandtschaftsepisode*

Werther flieht, nachdem er bemerkt hat, dass er Lotte nicht bekommen kann, so, wie er es am Anfang des Briefromans[55] gemacht hat. Doch ist er auch da nicht zufrieden, denn im Brief vom 24. Dezember 1771 schreibt er:

> Der Gesandte macht mir viel Verdruß, ich habe es voraus gesehn. Es ist der pünklichste Narr, den's nur

---

51   s.   Meyer-Kalkus,
Krankheit zum Tode, 83.
52   s.   Meyer-Kalkus,
Krankheit zum Tode, 84.
53 ebd.
54   vgl.   Neumeyer,
Selbstmord, 175.
55   vgl.   Meyer-Kalkus,
Krankheit zum Tode, 82.

geben kann. Schritt vor Schritt und umständlich wie eine Baase. Ein Mensch, der nie selbst mir sich zufrieden ist, und dem's daher niemand zu Danke machen kann. Ich arbeite gern leicht weg, und wie's steht so steht's [...] Das ist ein Leiden mit so einem Menschen [dem Gesandten, d. Verf.] zu thun zu haben. [...] Gestern gar brachte er mich auf, denn ich war mit gemeint. Zu so Weltgeschäften wäre der Graf ganz gut, er hätte viel Leichtigkeit zu arbeiten, und führte eine gute Feder, doch an gründlicher Gelehrsamkeit mangelt es ihm, wie all den Bellettristen. [...] Und das glänzende Elend die Langeweile unter dem garstitgen Volke das sich hier neben einander sieht. Die Rangsucht unter ihnen [...] Sieh, ich kann das Menschengeschlecht nicht begreifen, das so wenig Sinn hat, um sich so platt zu prostituieren. [...] Was mich am meisten nekt, sind die fatalen bürgerlichen Verhältnisse. Zwar weis ich so gut als einer, wie nöthig der Unterschied der Stände ist, wie viel Vortheile er mir selbst verschafft, nur soll er mir nicht eben grad im Wege stehn [...].[56]

Aus diesen Textpassagen wird einiges über Werther deutlich:

Zunächst wird deutlich, dass Werther sein „Inkludenzbewußtsein [...] auf seinen unerreichbar hoch gesteckten Anspruch auf Selbstentfaltung und Selbstverwirklichung"[57] zurückführt. Die Pedanterie des Gesandten macht ihm zu schaffen und die engen bürgerlichen Verhältnisse stoßen ihn in einem solche Maße ab, dass er ausruft:

[...] ach ich lasse gern die anderen ihres Pfads gehen, wenn sie mich nur auch könnten gehen lassen.[58]

56 JW, 65-67.
57 s. Oettinger, Werther,
66.
58 JW, 67.

Es ist ein Konflikt „einer ungebärdigen Natur [...] mit einer sich verbindlich gebenden regulierten Lebenswirklichkeit"[59] die Werther zu schaffen macht. Zwar affirmiert Werther die bestehenden sozialen Zustände der ständischen Differenzierung, solange er von diesen profitiert; doch er protestiert gegen diese sobald er ihr Opfer wird.[60] Werther steigert somit aber auch

> den bürgerlichen Individualismus über die verordneten Grenzen hinaus, gerät aber eben dadurch in einen Gegensatz zu den Personen seiner Umgebung. [...] Werther erscheint nur um so intensiver isoliert.[61]

Aus der Gesandtschaftsepisode wird deutlich, dass Werther sich durch sein Verhalten nicht nur selber isoliert, sondern sich auch zu einem klassischen Dritten, einem Außenseiter, manifestiert,[62] der mit seiner leidenschaftlichen Natur nur kollidieren kann.

c) *Die „letzten Worte" Werthers*

Werther schreibt sich selber in den Selbstmord hinein, nachdem er bemerkt hat, dass er bei der verheirateten Lotte keine Chance mehr hat:

> Es ist beschlossen, Lotte, ich will sterben [...]. Ich habe eine schrökliche Nacht gehabt, und ach eine wohlthatige Nacht, sie ist's, die meinen wankenden Entschluß befestiget, bestimmt hat: ich will sterben. [...] zuletzt stand er da, fest ganz der lezte einzige Gedanke: Ich will

---

59 s. Wapneswski, Merkur 29/1, 533.
60 vgl. Wapneswski, Merkur 29/1, 542.
61 s. Schmidt, Werther, 96.
62 vgl. Wapneswski, Merkur 29/1, 544.

sterben! [...] Ich will sterben! – Es ist nicht
Verzweiflung, es ist Gewißheit, [...][63]

Werther betont drei Mal seine Absicht, dass er sterben
will. Der Suizid ist also noch nicht beschlossen, er muss
sich erst dazu entschließen, den Suizid zu begehen. Erst
nachdem er ein letztes Mal Lotte besucht hat und von ihr
abermals zurückgewiesen wurde, fasst er endgültig den
Entschluss zum Selbstmord: „Zum leztenmale denn, zum
leztenmale schlag ich diese Augen auf [...]."[64] Auch gibt
er nun eine Begründung an, warum er Selbstmord begeht:

> Und was ist das? daß Albert dein Mann ist! Mann? –
> das wäre denn für diese Welt – und für diese Welt
> Sünde, daß ich dich liebe, daß ich dich aus seinen
> Armen in die meinigen reissen möchte? Sünde? Gut!
> Und ich strafe mich davor: [...] Ich gehe voran! Geh zu
> meinem Vater, zu deinem Vater, dem will ich's klagen
> und er wird mich trösten biß du kommst, [...].

Werther begründet seinen Selbstmord mit einer
Aufopferung seiner selbst für die bürgerlich sanktionierte
Ehe zwischen Lotte und Albert, denn

> die Selbsttötung [...] stellt die einzige Handlung dar,
> mit der er allen zu verstehen gibt, dass er seine
> Leidenschaften im Hier und Jetzt nicht bändigen kann
> und nicht bändigen will.[65]

Erst nachdem Lotte Werther beim letzten Besuch diesen
dazu auffordert, sich selbst zu disziplinieren, steht der
Entschluss Werthers fest.[66] Dies wird vor allem aus dem

---

63 JW, 102.
64 JW, 114.
65 vgl. Neumeyer,
Selbstmord, 195.
66 vgl. Neumeyer,
Selbstmord, 194.

deutlich, was der *Herausgeber* zum Schluss, nachdem Werther Tod gefunden worden ist, schreibt:

> Von dem Weine hatte er nur ein Glas getrunken. Emilia Galotti lag auf dem Pulte aufgeschlagen.[67]

Auch die Imitatio Christi, die er schon allein mit seinem Todeszeitpunkt performativ darstellt, zeigt den Opfergedanken, den Werther der bürgerlichen Selbstdisziplin entgegenbringt: „Ich schaudere nicht den kalten schröcklichen Kelch zu fassen"; „Für dich zu sterben, Lotte, für dich mich hinzugeben [...]; aber ach, das ward nur wenigen Edlen gegeben, ihr Blut für die Ihrigen zu vergiessen,[...]"; „Um zwölfe Mittags starb er."[68]

> Die internen Bezüge der passio Christi nimmt die Dimension eines psychotischen Zusammenbruchs der Welt an, die Verzweiflung Christi die Dimension eines vergeblichen Aufbäumens gegen die eigene Krankheit. Die ‚passio Wertheri adolescentis' demoniert die bibelsprachlichen Elemente mit ihrer eigenen Logik so sehr, daß diese selbst für die Rechtfertigung der christlichen Todsünde des Selbstmordes in Anspruch genommen werden können: [...] der Vater habe einmal die Selle gefüllt und alle Distanz und Andersheit aufgehoben. In dieser imaginären Verhaftung sucht Werther auch den Grund für seine Unfähigkeit zur Annahme der christlichen Heilsbotschaft: [...]. Statt der christlichen Bruderliebe, die im Anderen den Mangel liebt, regieren Haß, Eifersucht und imaginärer Brudermord"[69]

---

67 JW, 122.
68 JW, 121, 123.
69 s. Meyer-Kalkus, Krankheit zum Tode, 128, 120-130.

Der Selbstmord wird so nicht mehr zur Sünde, sondern zur Bestrafung für eine Sünde, die die christlich-bürgerliche Welt des 18. Jahrhunderts aufgestellt hat und an der Werther zu Grunde gegangen ist.[70]

---

70 vgl. Neumeyer,
Selbstmord, 196.

2.) Zwischenfazit

Werther fühlt sich in seiner eigenen Entwicklung gehemmt und gestört, so dass der den Tod nicht als Negation, sondern als „Aufhebung der Einschränkungen" ansieht.[71] Er rebelliert somit gegen die bürgerlichen Prinzipien des 18. Jahrhunderts und ist das Paradebeispiel eines Konflikts

> einer ungebärdigen Natur (und ihrer anpassungsunwilligen Phantasie) mit einer sich verbindlich gebenden regulierten Lebenswirklichkeit.[72]

Werther bringt sich also wegen eines erlittenen Ehrverlust um[73], welches sich nicht nur aus der *Gesandtschaftsepisode* ergab, sondern auch aus dem gescheiterten Werben um Lotte und deren Zurückweisung gegenüber Werther.

---

71 vgl. Oettinger, Werther, 67.
72 s. Wapneswski, Merkur 29/1, 533.
73 vgl. Neumeyer, Selbstmord, 200.

C. Endfazit

Es dürfte deutlich geworden sein, dass der Grund für Werthers Selbstmord nicht allein die nicht erwiderte Liebe Lottes ist, sondern Werthers Tod will als

> eine nur zu konsequente Lösung eines Problems erscheinen, das mit der bürgerlichen Sozialordnung hochkam und das im Grunde genommen unlösbar war – jedenfalls von der strengen Sozialforderung dieser Gesellschaft her gesehen, die ein Entkommen des einzelnen nicht zuließ. Wenn er dennoch entkommen wollte, so war es nur in der Radikalisierung und Realisierung von Stimmungen und Gefühlen möglich, von denen Werther so ausführlich gesprochen und geschrieben hatte [...].[74]

Werther ist somit ein prominentes Opfer der bürgerlichen Soziallehre des 18. Jahrhunderts, das von seinen Zeitgenossen eine bürgerliche Selbstdiziplinierung erwartete, die

> dahin geht, daß der Einzelne nur Rang und Bedeutung bekommt durch seinen Stellenwert innerhalb primärer Sozialverhältnisse, [...].[75]

Dies behauptet auch der *Herausgeber*, wenn er schreibt:

> Den Verdruß, den er bey der Gesandtschaft gehabt, konnte er nicht vergessen. Er erwähnte dessen selten, doch wenn es auch auf die entfernteste Weise geschah, so konnte man fühlen, daß er seine Ehre dadurch unwiederbringlich gekränkt hielte, und daß ihm dieser Vorfall eine Abneigung gegen alle Geschäfte und politische Wirksamkeit gegeben hatte. Daher überließ er

---

74 s. Koopmann, Werther, 49-50.
75 vgl. Koopmann, Werther, 47.

sich ganz der wunderbaren Empfind- und Denkensart,
die wir aus seinen Briefen kennen, und einer endlosen
Leidenschaft, worüber noch endlich alles, was thätige
Kraft an ihm war, verlöschen mußte. [76]

Auf Grund seiner Emotionalität, die dem bürgerlichen Selbstbeherrschungsparadigma diametral entgegenläuft, konnte er sich nicht in die Gesellschaft einfügen. Als heftigstes Beispiel hierfür ist die verbotene Liebe zur verheirateten und somit von der bürgerlichen Norm sanktionierten Lotte, die zwar auch Gefühle für Werther hegt, diese jedoch wegen der bürgerlichen Norm und ihrer Verlobung und Heirat mit Albert nicht nachgeben darf und kann.

Da Werther sich nicht sozialisieren kann, ist der Freitod
im Grunde genommen die einzig konsequente Lösung
seiner verqueren Verhältnisse. [77]

Denn Werther ist ein pathologischer Narzisst, dessen Verhältnis zur Umwelt die Bestätigung alle Neigungen der Innenwelt und diese zu verstärken. [78] Doch unter diesen Umständen, wie sie Werther vorfindet, muss dieser seinen Narzissmus nur als Schmerzhaft empfinden, denn

Werther entzieht sich den Steuerungen von außen, läßt
sich von seinem Weg nicht abbringen, und der Narzißt,
der den Verhältnissen so hilflos ausgeliefert ist, erweist
sich zugleich als völlig immun gegen die Wünsche
seiner Freunde, handelt im kleinen Bereich als Abbild
eines souveränen absolutistischen Herrschers [...]. [79]

---

76 JW, 98-99.
77 s. Koopmann, Werther,
46.
78 vgl. Schmidt, Werther,
87.
79 vgl. Schmidt, Werther,
88, 97.

Werther zog sich mit seinem Selbstmord also aus einer Gesellschaft zurück, die er als eine soziale Krankheit ansehen musste, da diese seinem eigenen Individualismus entgegen stand. Er entzog sich der bürgerlichen Trias der Pflichten durch seinen Freitod.

> Das Spezifische von Werthers Krankheit besteht darin, daß er sich [...] mit einer fundamentalen menschlichen Erfahrung, der Erfahrung der ‚Einschränkung‘, nicht abfinden vermag, daß er nicht zu der Bereitschaft fähig ist, den Preis zu zahlen, den die ‚Normalität‘, das Überleben können, nun einmal erfordert. [...] Werthers ‚Abnormalität‘, seine Krankheit, beruht also darauf, daß er ein Bedürfnis nicht zu befriedigen vermag, das an und für sich gerechtfertigt ist, das Bedürfnis, eine von jeglicher Bedingtheit befreite Existenz zu verwirklichen.[80]

---

80 s. Oettinger, Werther, 69-70.

D.   Literaturverzichnis

I. Primärliteratur

1.) Textgrundlage

Goethe, Johann Wolfgang: Die Leiden des jungen Werthers, Leipzig 1774 (Erstfassung), Frankfurt/Main, 1998.
Zitiert als: JW, Seitenzahl.

2.) Kulturwissenschaftliche Texte

Auenbrugger, Leopold: Von der stillen Wuth oder dem Triebe zum Selbstmorde als einer wirklichen Krankheit, Dessau, 1783.
Zitiert als: Auenbrugger, Wuth, Paragraf, Seitenzahl.

Augustinus, Aurelius: Vom Gottestaat (De Civitas Die), Buch 1 bis 10, München, 1979.
Zitiert als: Augustinus, Gottesstaat, Seitenzahl.

d'Hollbach, Paul Thiery: System der Natur oder von den Gesetzen der physischen und moralischen Welt, Frankfurt/Main, 1974.
Zitiert als: d'Hollbach, Natur, Seitenzahl.

Hume, David: Über Selbstmord, Hamburg, 1984.
Zitiert als: Hume, Selbstmord, Seitenzahl.

Montesquieu, Charles-Louis de Secondat: Persische Briefe, Stuttgart, 1999.
Zitiert als: Montesquieu, Briefe, Seitenzahl.

Seneca, Lucius Amäus: 70. Brief an Lucilius, Brief über den Selbstmord, in: Der Selbstmord in Berichten, Briefen, Manifesten, Dokumenten und literarischen Texten, Hrsg. v. Roger Willemsen, Köln, 1986.
Zitiert als: Seneca, Selbstmord, Seitenzahl.

27

Sonnenfels, Joseph von: Grundsätze der polizey Handlung und Finanzwissenschaft, 1. Theil, 3. Aufl., Wien, 1770.
Zitiert als: Sonnenfels, Grundsätze, Seitenzahl.

Teller, Johann Friedrich: Vernunft- und christenmäßige Abhandlung über den Selbstmord, Leipzig, 1776.
Zitiert als: Teller, Selbstmord, Seitenzahl.

Zuckerts, Johann Friedrich: Medicinische und Moralische Abhandlung von den Leidenschaften, Berlin, 1764.
Zitiert als: Zuckerts, Leidenschaften, Seitenzahl.

II. Sekundärliteratur

Koopmann, Helmut: Warum bringt Werther sich um?, in: „Stets wird die Wahrheit hadern mit dem Schönen", Festschrift für Manfred Windfuhr zum 60. Geburtstag, Hrsgg. v. Gertrude Cepl-Kaufmann, Winfried Harkopf, Ariane Neuhaus-Koch und Hildegard Stauch, Köln/Wien, 1990, Seite 29-50.
Zitiert als: Koopmann, Werther, Seitenzahl.

Meyer-Kalkuis, Reinhart: Werthers Krankheit zum Tode, Pathologie und Familie in der Empfindsamkeit, in: Urszenen, Literaturwissenschaft als Diskursanalyse und Dikurskritik, Hrsgg. v. Friedrich A. Kittler und Horst Truk, Frankfurt/Main, 1977, Seite 76-138.
Zitiert als: Meyer-Kalkus, Krankheit zum Tode, Seitenzahl.

Neumeyer, Harald: Anomalien, Autonomien und das Unbewusste, Selbstmord in Wissenschaft und Literatur von 1700 bis 1800, Göttingen, 2009.
Zitiert als: Neumeyer, Selbstmord, Seitenzahl.

Oettinger, Klaus: „Eine Krankheit zum Tode", Zum Skandal um Werthers Selbstmord, in: Der Deutschunterricht, Band 28, Heft 2, 1976, Seite 55-74.
Zitiert als: Oettinger, Werther, Seitenzahl.

Schmidt, Helmut: Woran scheitert Werther?, in: Poetica, Zeitschrift für Sprach- und Literaturwissenschaft, Band 11, 1979, Seite 83-104.
Zitiert als: Schmidt, Werther, Seitenzahl.

Wapneswski, Peter: Zweihundert Jahre Werthers Leiden oder: Dem war nicht zu helfen, in: Merkur 29, Band 1, 1975, Seite 530-544.
Zitiert als: Wapneswski, Merkur 29/1, Seitenzahl.